Birgit Jochens

Charlottenburg in historischen Postkarten

Jaron Verlag

Das Buch ist in Zusammenarbeit mit dem Bezirksamt von Berlin-Charlottenburg entstanden

Originalausgabe
1. Auflage 1997

Umschlaggestaltung: Atelier Kattner, Berlin,
unter Verwendung einer Postkarte des Heimatmuseums Charlottenburg
Satz und Repro: LVD GmbH, Berlin
Druck und Bindung: Thomasdruck, Leipzig
Printed in Germany

ISBN 3–932202–26–0

Inhalt

Charlottenburg
Zweihundertjahrfeier
Ausschmückung am Wilhelmplatz
Huldigung König Friedrich I.
No. 1302/4 Verl. S. & G. Saulsohn,
Berlin C. 25
ROBES

Charlottenburg
Luisenplatz
APOTHEKE

Vorwort

In diesem Jahr feiert das Heimatmuseum Charlottenburg sein zehnjähriges Bestehen. Aus diesem Anlaß hat es mit Hilfe des Jaron Verlags, dem dafür herzlich zu danken ist, das vorliegende Buch und eine Ausstellung vorbereitet. Sowohl das Buch als auch die Ausstellung sind einem knappen Überblick über die Geschichte Charlottenburgs gewidmet, vor allem den Besonderheiten, die diese Stadt und diesen Bezirk um die Jahrhundertwende bis in die zwanziger Jahre auszeichneten.

Schon die einstige »Sommerfrische« hatte Ansätze eines vielfältigen kulturellen und gesellschaftlichen Lebens aufzuweisen, die sie ihrer günstigen Lage, der Nähe zu Berlin und der engen Verbindung zum Hofstaat im Schloß Charlottenburg verdankte. In dem sich zur Großstadt entwickelnden Charlottenburg, das durch Industrialisierung und gründerzeitliche Bau- und Bodenspekulation zu Wohlstand gelangt war, bemühten sich die Stadtverwaltung und mit ihr eine Reihe von Privatpersonen um eine »Daseinsfürsorge nach dem besten Standard der Zeit«. Damit hat sich der »Neue Westen« rasch als attraktiver City-Bereich etablieren können.

Die besonderen Qualitäten des alten Charlottenburg in Erinnerung zu rufen, ist Anliegen dieses Buches und hat die Wahl der Abbildungen bestimmt. Die Begleittexte zu den Abbildungen sind als knappe Kapitel über zentrale Themen der Charlottenburger Geschichte angelegt. Des besseren Überblicks wegen enthalten sie daher gelegentlich auch Verweise auf Örtlichkeiten, denen schon aus Platzgründen nicht eigens eine Abbildung beigefügt wurde.

Die meisten Ansichtspostkarten, die in diesem Buch wiedergegeben werden, sind um 1900, also rund dreißig Jahre nach der Erfindung der Bildpostkarte entstanden. Die Karten wurden in den verschiedensten Drucktechniken, von der Chromolithographie bis zum Vierfarbendruck, hergestellt und waren damals außerordentlich beliebt. Für Mitteilungen haben sie anfangs nur wenig Platz geboten, da infolge postalischer Anordnung zunächst die ganze, erst ab 1905 nur noch die halbe Vorderseite für die Anschrift zu reservieren war. So überdecken die persönlichen Nachrichten manchmal die Abbildungen, auf die es letztlich aber wohl doch am meisten ankam. So beliebt nämlich waren Bildpostkarten bis kurz nach dem Ersten Weltkrieg, daß fast jeder ein Album mit diesen Karten besaß. Auch war es nicht ungewöhnlich, selbst welche als Adreß- oder Geschäftskarten herstellen zu lassen.

Der größte Teil der in diesem Buch abgebildeten Ansichtskarten stammt aus dem mittlerweile beträchtlichen Fotoarchiv des Heimatmuseums, andere kommen von privaten Sammlern und in Charlottenburg ansässigen Institutionen. Auch denen, die mit ihren Leihgaben am Entstehen dieses Buches beteiligt waren, sei herzlich gedankt. Ihnen wie allen Leserinnen und Lesern wünsche ich viel Freude beim Blättern in diesem Buch. Vieles, das hier gezeigt wird, ist kaum wiederzuerkennen, erstaunlich viel ist trotz des Krieges erhalten geblieben. Wieviel abhanden gekommen ist von den hervorragenden Einrichtungen, die einst einen besonderen Lebensstandard in Charlottenburg begründeten – das möge uns allen Ansporn für zukünftiges Handeln sein.

Monika Wissel

Monika Wissel
Bezirksbürgermeisterin von Berlin-Charlottenburg

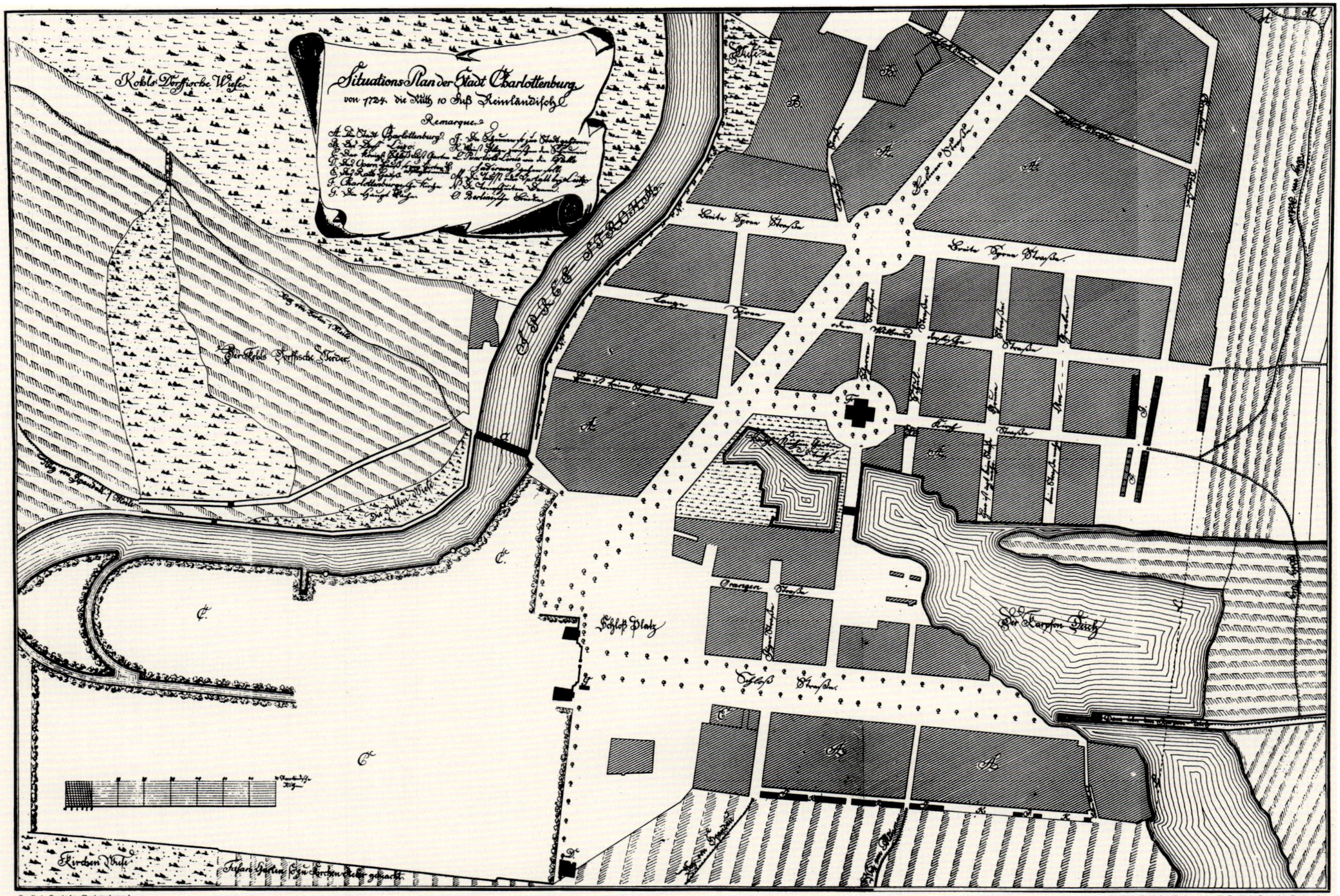

Gundlach, Geschichte Charlottenburgs I.

Gundlach Geschichte Charlottenburgs Verlag von Julius Springer in Berlin.

Einleitung

Nicht mehr als 300 Jahre läßt sich die Geschichte Charlottenburgs zurückverfolgen; Zeit genug, diesem Ort selbst in der Verschmelzung im Verband der Berliner Bezirke eine unverwechselbare Prägung zu geben.

Mit dem Schloß setzt die Geschichte ein. Kurfürstin Sophie Charlotte hat es auf einem westlich des Dorfes Lützow gelegenen Areal bauen lassen, das sie gegen ihr zu weit von Berlin entferntes Besitztum Kaputh getauscht hatte.

Anfangs hing das Wohl der Stadt Charlottenburg, die seit 1705 den Namen seiner »Gründerin« führt und 1720 um das Dorf Lützow erweitert worden war, von der Anwesenheit des Hofes im Schloß ab. Seit der zweiten Hälfte des 18. Jahrhunderts trug nicht nur der Bedarf der Hofbediensteten zu dringend benötigten Verdienstmöglichkeiten neben der eher kümmerlichen Landwirtschaft bei, sondern auch die Entwicklung des Ackerbürgerstädtchen zu einer »Sommerfrische«. Sie wurde von streßgeplagten, meist wohlhabenden Berlinern aufgesucht, um die Natur zu genießen, einen der zahlreichen Gasthöfe zu besuchen oder um das Schloß zu sehen.

Der kleinen Gartenstadt bereitete die Industrialisierung ein schnelles Ende. Wegen der Nähe zu Berlin und weil hier noch relativ günstiges Bauland zu haben war, siedelten sich seit der Mitte des vorigen Jahrhunderts Fabriken am Landwehrkanal und an der Spree zwischen March- und Berliner Straße an. Sie bewirkten den massenhaften Zuzug Arbeitsuchender. Mietshauskomplexe entstanden, die den enormen Schub neuer Einwohner aufnehmen sollten. In den Jahren 1850, 1875 und 1910 stieg die Zahl der Charlottenburger rapide von 9000 über 25 000 auf 306 000 an. Dem neu gegründeten Groß-Berlin trat die Stadt schließlich mit 340 000 Einwohnern bei. Sie hatte sich längst zu einer der größten und reichsten Städte Preußens und des Deutschen Reichs entwickelt.

Nicht nur wegen der industriellen Produktion oder um sich an fieberhafter Bauspekulation zu beteiligen, zog man nach Charlottenburg. Den gehobenen Schichten bot der »Neue Westen« besonders mit seiner reichhaltigen Kulturlandschaft, den Hochschulen, Theatern und Kinos, eine Alternative zum Wohnen im alten Zentrum. Zusätzlich machten Kunstausstellungen Charlottenburg in den zwanziger Jahren zum Treff der Avantgarde. Auch das neue Medium, der Funk, hielt mit dem 1926 in Betrieb genommenen Funkturm und einer Halle auf dem neuen Ausstellungsgelände am Messedamm Einzug. Schließlich verfügte Charlottenburg mit dem Deutschen Stadion seit 1913 auch über eine der bedeutendsten deutschen Sportanlagen.

Aber Charlottenburg war nicht nur ein Wohnort für die besseren Kreise. Auch hier gab es einen erheblichen Anteil an Arbeitern, Unterbeamten und Dienstboten; auch hier gab es Mietskasernenelend. Allerdings hat das reiche Charlottenburg besondere Anstrengungen unternommen, um dem sozialen Elend zu begegnen. Anders hätte es im Wettstreit mit Berlin-Mitte auch gar nicht bestehen können. Von privaten Initiativen unterstützt, hat die Stadt eine ganze Reihe führende Einrichtungen der sozialen Fürsorge geschaffen, vor allem im Bereich der städtischen Armen- und Waisenpflege, der Krankenpflege, der Säuglingsfürsorge und des Schulwesens.

Von seinem alten Gepräge hat Charlottenburg bis heute viel bewahren können.

Unersetzlich sind die Verluste, die der Nationalsozialismus verursacht hat. Hier haben 1933 rund 27 000 jüdische Bewohner gelebt. Von ihren kulturellen und religiösen Einrichtungen (Synagogen, Schulen), den weltbekannten Modegeschäften, Privatbanken und Cafés sind fast alle Spuren vernichtet.

Mit dem Zweiten Weltkrieg büßte Charlottenburg mehr als 100 000 Einwohner ein, rund vier Zehntel aller Wohnungen wurden zerstört. Im Laufe des Wiederaufbaus und während der Teilung Berlins hat Charlottenburg verstärkt die Funktion der »City« (West) eingenommen.

Ob nach der Wiedervereinigung die alte Konkurrenz von »Neuem Westen« und Berlin-Mitte einem harmonischen Miteinander weichen wird, bleibt abzuwarten.

Wahrzeichen

»Tempel der Kunst und Wissenschaft« und »Lustigburg« hat Gottfried Wilhelm Leibniz, Hofhistoriograph und einer der bedeutendsten Philosophen seiner Zeit, die einstige »Lietzenburg« genannt und damit auf die lebhaften philosophischen Disputationen, Konzerte, Theateraufführungen, Ballette und Feste angespielt, die den Hof Sophie Charlottes zu einem Zentrum des berlin-brandenburgischen Geistes- und Gesellschaftslebens machten.

Über 200 Jahre war das Schloß der herausragende Blickpunkt Charlottenburgs. Sophie Charlotte, die Gemahlin des Kurfürsten Friedrichs III., hat den ab 1695 nach Plänen von Oberbaudirektor Arnold Nering errichteten landhausartigen Kernbau und den von Siméon Godeau angelegten Garten als Sommersitz und »Musentempel« genutzt. Nach ihrem Tode ließ der Kurfürst in neuer Königswürde die Anlage durch den schwedischen Architekten Eosander von Göthe erweitern. Durch die Verbindung des nun durch einen Kuppelturm mit der Skulptur der Fortuna herausgehobenen Hauptbaus mit den vorstehenden Seitengebäuden entstand eine Dreiflügelanlage, die westlich einen weiteren Flügel für die Orangerie erhielt. Auch wurde die »Lietzenburg« zum Andenken an ihre einstige Besitzerin in »Charlottenburg« umbenannt. Den Ostflügel des Schlosses hat Baumeister Georg Wenzeslaus von Knobelsdorff unter Friedrich dem Großen angefügt. Äußerlich von schlichter Eleganz, ist der Trakt innen glänzend ausgestattet, mit Wandmalereien und Gemälden von Künstlern wie Pesne und Watteau und mit der Goldenen Galerie, einem sehr schönen Rokokoraum. Im Park ließ Friedrich Wilhelm III. ein Mausoleum nach Entwürfen von Schinkel und Heinrich Gentz bauen, um hier seine Gemahlin Königin Luise zu bestatten, die Charlottenburg besonders verbunden war. Die dafür von Rauch geschaffene Grabstatue galt lange als wichtigste Sehenswürdigkeit der Stadt. Nur knapp vor einer völligen Zerstörung bewahrt, wird das Schloß Charlottenburg seit dem Zweiten Weltkrieg vornehmlich als Museum genutzt. Im besonders von Peter Josef Lenné anfangs des 19. Jahrhunderts zu einem englischen Landschaftsgarten umgestalteten Park wurde die Partie zwischen Schloß und Wasserbecken im barocken Stil wiederhergestellt.

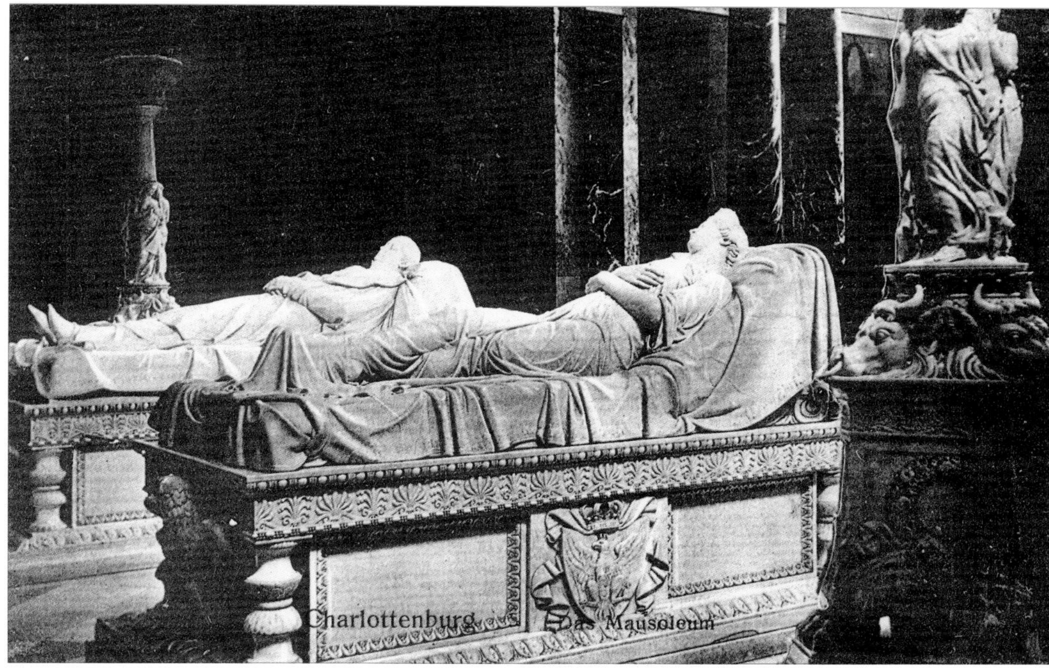

Wahrzeichen

Weil der Turm des geplanten neuen Rathauses die Schloßkuppel um vierzig Meter überragen sollte, erhob der Kaiser Einspruch gegen den Bau. Mittels bürokratischer Verschleppungstaktik haben die Charlottenburger ihren Rathausturm dennoch genau so realisiert, wie sie es beabsichtigt hatten. Dies hat den Kaiser so verdrossen, daß er fortan nur auf dem Umweg über die Schloßstraße zu seinem Schloß fuhr.

Mit ihrem 1905 eingeweihten Rathaus ließ sich die auf über 200 000 Einwohner angewachsene, zu Wohlstand gelangte Stadt von den Architekten Reinhardt & Süßenguth ein Wahrzeichen bürgerlichen Selbstbewußtseins errichten. Es ist der fast überdimensionierte, 87 Meter hohe Turm, der das selbst nach der von Stadtbaurat Seeling vorgenommenen Erweiterung noch relativ schmale Gebäude zum besonderen Blickpunkt macht. Der in strengen Jugendstilformen gehaltene, einst überraschend moderne Bau ist das dritte Rathaus der Stadt, die sich damit erstmals ein eigens für die kommunale Selbstverwaltung errichtetes Gebäude leistete. Sie hatte sich zuvor mit einem in der Schloßstraße 2 gelegenen Wohnhaus und später mit dem an gleicher Stelle wie das heutige Rathaus befindlichen Palais des Oberstallmeisters Encke begnügt.
Bürgerlicher Geltungsanspruch kommt auch bei einem weiteren Wahrzeichen der Stadt zum Ausdruck, dessen Errichtung sie sich über eine Million Mark kosten ließ: beim Prunktor an der Charlottenburger Brücke. Das von Bernhard Schaede entworfene Tor besteht aus zwei – heute weit auseinandergerückten – Pfeilern mit geschwungenen Säulenbauten. Davor stand in Richtung Charlottenburg ein Paar Säulen, wuchtige steinerne Kandelaber, die im Krieg zerstört wurden, während am Eingang zur Stadt von Heinrich Baucke geschaffene Bronzebildnisse an die Stadtgründer Sophie Charlotte und König Friedrich I. erinnern.
Als ein Sinnbild technischen Fortschritts hat der 1924 von Heinrich Straumer errichtete, mittlerweile 150 Meter hohe Funkturm auf dem Messegelände an der Masurenallee für ganz Berlin Bedeutung gewonnen. Mit Restaurant und Aussichtsplattform gehört er zu den beliebtesten Sehenswürdigkeiten der Stadt.

Der Berliner Funkturm (138 m hoch) mit Funkhalle

Altstadt

Charlottenburg Wilmersdorfer Strasse, Ecke Giesebrecht-Strasse (v. d. Mommsenstrasse gesehen)

In der dicht besiedelten Inneren Stadt blieben soziale Spannungen nicht aus. Immer wieder hatten die Zeitungen über Schlägereien und Messerstechereien in der Wilmersdorfer Straße zu berichten. Auch nehme mancher – so das »Berliner Tageblatt« im Jahre 1904 – lieber einen Umweg in Kauf, »um den Belästigungen durch Dirnen und deren ›Bräutigams‹ zu entgehen«.

Noch heute sind in der Altstadt Elemente des von Eosander von Göthe entworfenen »feudalen« Siedlungskonzepts erhalten. Dazu gehören die zwei auf das Schloß bezogenen Verkehrsachsen Schloßstraße und Otto-Suhr-Allee und das rechtwinklige Straßennetz mit dem Kirchplatz (heute Gierkeplatz) als Zentrum. Die Bebauung erfolgte bis Anfang des 19. Jahrhunderts mit eingeschossigen Wohnhäusern wie dem noch erhaltenen in der Schustehrusstraße 13. Von den 1860er Jahren an entstanden, wie an der Ecke Wilmersdorfer und Haubachstraße ersichtlich, Mietshäuser mit wachsender Geschoßzahl, im Bereich der Schloßstraße wenig später auch Villen (Nr. 55 Villa des Bankiers Oppenheim). Nach der Verlagerung kommunaler Einrichtungen in das Stadtzentrum ist die Schloßstraße seit Beginn des 18. Jahrhunderts zu einer reinen Wohngegend für Bessergestellte geworden, zu denen anfangs vornehmlich Personen aus dem Umkreis des Hofes gehörten. Dagegen siedelte sich in der Inneren Stadt um die Wilmersdorfer Straße die mittlere und kleinbürgerliche Schicht an, darunter viele Handwerker und Kaufleute. Noch 1910 standen für dreißig Prozent der Einwohner nur 1-Zimmer-Wohnungen in diesem dicht besiedelten Gebiet zur Verfügung. Die Säuglingssterblichkeit etwa lag hier dreimal höher als am Kurfürstendamm.
Während die Wilmersdorfer Straße, der seit 1883 eine Dampfstraßenbahn, viele Lokale und in den zwanziger Jahren auch Kinos eine zusätzliche Attraktivität verliehen, den Charakter einer Einkaufsstraße bewahrt hat, wandelte sich der Richard-Wagner-Platz (früher Wilhelmplatz) von einem von 1718 bis in die Nachkriegszeit vom Markt beherrschten Treffpunkt zu einem Verkehrsknotenpunkt mit Verwaltungszentrum.

Berliner Straße

Den Namen »Am Knie«, der von 1831 bis 1953 den heutigen Ernst-Reuter-Platz bezeichnete, brachten eine Zeitlang viele Berliner und Charlottenburger weniger mit der markanten Straßenbiegung der Berliner Straße in Verbindung als mit dem »klassischen« Körperteil der berühmten Schauspielerin Crelinger, die im »Etablissement Hippodrom« gelebt hat.

Daß sich die Berliner und nicht etwa die Schloßstraße zur Hauptstraße Charlottenburgs entwickelte, ist einer Anordnung Friedrichs I. zu verdanken, der 1705 seine Hofbeamten anwies, sich entlang der »großen Straße« anzusiedeln. Deren Blütezeit setzte in den siebziger Jahren des 18. Jahrhunderts ein, vor allem nach der Fertigstellung der durch den Tiergarten führenden Chaussee (heute Straße des 17. Juni). In Scharen kamen nun die Berliner, um die an diesem Straßenzug gelegenen Cafés und Wirtshäuser aufzusuchen, besonders das »Türkische Zelt« (rechts auf der auf das Jahr 1820 verweisenden Karte).
Einen weiteren Schub in ihrer Entwicklung hat die Berliner Straße rund hundert Jahre später vom Knie aus genommen. In der Nähe von Reitbahn und Industriegelände ließ sich hier eine Reihe von Bankiers und Großindustriellen nieder. Der Kaufmann Bleichröder gehörte dazu, dessen Villa sich bis 1881 links neben dem Hippodrom-Restaurant befand. An der Ecke von Berliner und Marchstraße ließ sich 1863 Bankier Reichenheim von Friedrich Hitzig eine repräsentative Villa mit Treibhäusern errichten. Seine Nachbarn zur Linken waren Bankier Warschauer und Fabrikbesitzer Siemens. In dessen von Richard Lucae gebauten Haus, das auf der 1902 verschickten Postkarte gerade noch hinter den Bäumen hervorlugt, erstrahlte 1879 erstmalig in Charlottenburg elektrische Beleuchtung.
Einen weiteren Auftrieb erhielt die Berliner Straße 1905 durch den Bau des neuen Rathauses. Jedes zweite Haus war nun mit einem Geschäft ausgestattet. Hauptpost und Hof-Apotheke (heute Nr. 89, früher 23) trugen zum Komfort bei. In der Nähe des Rathauses richtete sich auch die Zeitung »Neue Zeit« ein, die von 1871 bis 1944 eine gepflegte Lokalberichterstattung bot.

Hochschulviertel

Im Hochschulviertel siedelten sich zahlreiche Gelehrte und Künstler an – darunter der Museumsdirektor Wilhelm von Bode (Uhlandstraße 4/5), der Ingenieur Rudolf Diesel (Kantstraße 153) und die Bildhauer Hans Dammann, Ludwig Manzel und Max Kruse im Künstlerhaus zum St. Lukas in der Fasanenstraße 13.

Mit der Ansiedlung der Technischen Hochschule und den Hochschulen für die bildenden Künste und Musik, die von den ersten Planungsstadien an von Baumaßnahmen geschäftstüchtiger Spekulanten begleitet worden waren, vollzog sich ab den 1870er Jahren zwischen Hippodrom, Stadtbahn, Leibniz- und Berliner Straße ein rascher Ausbau des Hochschulviertels. Eine erhebliche Beschleunigung der Bebauung bewirkte 1887 die Ausdehnung der Berliner Bauordnung auf die Vororte, in deren Folge auch hier selbst fünfstöckige Mietshäuser zugelassen waren. Auch die zur gleichen Zeit eingeführte Schwemmkanalisation, der Anschluß des Gebietes an die Charlottenburger Wasserwerke und die Eröffnung des Bahnhofs Savignyplatz 1896 sorgten für einen Bauschub, den die Stadtverwaltung durch die Bepflanzung von Straßen und Plätzen ergänzte. Namhafte Architekten wie Hans Grisebach, Bernhard Sehring, August Endell und Alfred Messel errichteten repräsentative Mietshäuser mit künstlerisch gestalteten Fassaden und üppig bepflanzten Höfen. Besonders komfortabel ausgestattete Mietshäuser mit 7- bis 10-Zimmer-Wohnungen waren an der Bismarckstraße – die als Verbindung zwischen Berlin und dem Truppengelände Döberitz westlich von Spandau besonders wichtig war –, an der Kant- und Knesebeckstraße und im Bereich von Stein- und Savignyplatz zu finden. Westlich der Schlüterstraße waren die größeren Wohnungen mit weniger Komfort ausgestattet. Oft fehlten Bäder oder Toiletten. Hier konnten sich daher auch Studenten einmieten. Auch viele »Damenwohnungen« wie das Lehrerinnenheim in der Grolmanstraße 34 wurden im Hochschulviertel annonciert. Sie boten berufstätigen und studierenden Frauen Unterkunft, Verpflegung und »geselligen Verkehr« bei mäßigen Preisen.

Klausenerplatz

»In öffentlichen Gärten einer Stadt« – so Erwin Barth zur Rechtfertigung seiner Umgestaltung des Friedrich-Karl-Platzes (heute Klausenerplatz) – »sollte man namentlich dort, wo die weniger Bemittelten wohnen, mit verschwenderischer Blumenfülle Frohsinn in weite Kreise tragen«, denn Blumenschmuck sei kein Luxus, sondern »von großer sozialer Bedeutung«.

In unmittelbarer Nähe zum Schloß ist Ende des vorigen Jahrhunderts zwischen Schloß-, Knobelsdorff-, Sophie-Charlotten-Straße und Spandauer Damm ein von Arbeitern, Kleingewerbetreibenden und Handwerkern bewohntes Gebiet entstanden, dessen südlicher Teil »Roter Kiez« oder »Kleiner Wedding« genannt wurde. Die rasche Bebauung war die Folge der Boden- und Bauspekulation, die nach der im Hobrechtplan vorgesehenen Ausweisung des Gebiets als Bauerwartungsland einsetzte. Zugleich zogen massenhaft in Charlottenburger Industrieunternehmen Arbeitsuchende in den Kiez, denen seit 1877 mit der Ring- und seit 1882 mit der Stadtbahn günstige Verkehrsverbindungen geboten wurden. Die Bautätigkeit setzte 1872 in der heutigen Christstraße ein, mit Mietshäusern, die noch eine niedrige Geschoßzahl, kleine Vorgärten und nur wenige Läden hatten. Die Bebauung des übrigen Gebiets erfolgte gegen Ende der achtziger Jahre, nun aber mit fünfgeschossigen Mietskasernen. Eine bessere Wohngegend gab es nur an der Schloßstraße und um den heutigen Klausenerplatz herum. Ehemals Reitplatz für Militärs, wurde der einstige Friedrich-Karl-Platz 1893 zum Stadtplatz mit Markt umgestaltet. Gartenbaudirektor Erwin Barth hat ihn 1921/22 erneut mit reichem Blumenschmuck angelegt. Damals haben hier rund 27 000 Menschen dichtgedrängt gelebt. Ihrer nahm sich auch der Orden der Kamillianer an, der sich 1922 am Klausenerplatz ansiedelte.
In den zwanziger Jahren waren im »Roten Kiez« und in der angrenzenden Wallstraße (heute Zillestraße) die Auseinandersetzungen zwischen Nationalsozialisten und sozialdemokratischen und kommunistischen Arbeitern und ihren Familien besonders hart.

Kurfürstendamm

Von jeher haben viele Prominente am Kurfürstendamm gewohnt. Um 1900 gehörten dazu der Gastronom August Aschinger (Nr. 37), der Fabrikant Borsig (Nr. 251/252), die Schauspielerin Tilla Durieux (Nr. 125), der Geiger Joseph Joachim (Nr. 217), der Komponist Fritz Kreisler (Nr. 67), Bürgermeister Schustehrus (Nr. 57) und Hugo von Tschudi, Direktor der Nationalgalerie (Nr. 100).

Im Neuen Westen erhielt Berlin endlich einen Boulevard. Gewählt wurde dafür der zwischen Berlin und Jagdschloß Grunewald bestehende Damm, den Kurfürst Joachim II. 1542 angelegt hatte. Er wurde ab 1883 zu einer Prachtstraße mit zwei Fahrbahnen, einer Mittelpromenade und Häuserzeilen mit Vorgärten ausgebaut. Unter dem Einfluß Bismarcks wurde auch der Reitweg beibehalten. Die Bebauung mit fünfstöckigen Mietshäusern, die mit 10- bis 15-Zimmer-Wohnungen und Komfort wie Heizung und Fahrstühlen luxuriös ausgestattet waren, setzte 1885 im Bereich der Kaiser-Wilhelm-Gedächtniskirche (1925 als Budapester Straße abgegrenzt) und zwischen Halensee und Joachim-Friedrich-Straße ein und war 1914, ein Jahr nach der Eröffnung des U-Bahnhofs Uhlandstraße, im wesentlichen abgeschlossen. Sie verdrängte Villen, Gärten, Baumschulen und die Spargelbeete am Halensee.
Der Kurfürstendamm entwickelte sich zum bevorzugten Wohnsitz von Rittergutsbesitzern, Fabrikanten, Ärzten, Rechtsanwälten und Künstlern; darunter waren 1913 allein 45 Multimillionäre. Eigentlich als kaiserlich-staatliches Aushängeschild gedacht, wurde er mit seinen Cafés, Bars, Theatern (Komödie, Kabarett der Komiker) und Kinos zum Zentrum der Avantgarde. Unterhaltungsangebote spielten von jeher eine besondere Rolle in diesem Bereich. Berühmt waren die Volksbelustigungen, die das 1882 errichtete »Wirtshaus am Halensee«, 1904 »Luna-Park« genannt, bot. Nach 1900 drängte die Geschäftswelt in die Wohngegend. Die Mode hielt Einzug mit dem Geschäftshaus »Kaisereck«, das Heinrich Jordan 1913 an der Ecke Rankestraße eröffnete. Zu den beliebtesten Einkaufsstätten gehörte die Filiale des »Leinenhauses Grünfeld« an der Ecke Joachimstaler Straße, eines der vielen jüdischen Geschäfte dieser Straße.

BERLIN-W. Kurfürstendamm mit Eingang zum Untergrundbahnhof Uhland-Straße

Charlottenburg. Joachimsthalerstr. Ecke Kurfürstendamm

Alt-Westend

Zu den prominenten Bewohnern Alt-Westends gehörten u. a. der Altphilologe Wilamowitz-Moellendorff (Eichenallee 12), der Mediziner Robert Koch (Ahornallee 39), der Physiologe Du Bois-Reymond (Ahornallee 42), der Bildhauer Rudolf Siemering (Nußbaumallee 21), der Germanist Gustav Roethe (Ahornallee 30), der Astronom Wilhelm Förster (Ahornallee 40–42) sowie das Malerehepaar Sabine und Reinhold Lepsius (Ahornallee 30–32).

1866 gründete der Unternehmer Albert Werckmeister mittels einer »Commandit-Gesellschaft« auf den Grunewaldhöhen westlich Charlottenburgs eine Villenkolonie »für die gehobenen Stände« nach englischem Vorbild. Außerhalb des von Hobrecht festgelegten Planungsgebietes gelegen, war Boden hier noch billig zu haben. Die Verkehrsanbindung an Berlin war dank der bereits ein Jahr zuvor eingerichteten Pferdebahn günstig. Erst nach der Eingemeindung der Kolonie nach Charlottenburg (1878) siedelten sich hier verstärkt höhere Beamte, Kaufleute, dann auch Gelehrte, Künstler und Militärs an. Sie lebten in manchmal bescheidenen Landhäusern wie dem Musterhaus von 1867 (Lindenallee 7), meist aber in großen Villen wie dem neugotischen Bau in der Ulmenallee 3. Er ist im Stil der Villa Ibrox angeglichen, die sich Heinrich Quistorp, der Nachfolger Werckmeisters, in der Ahornallee 6 hatte bauen lassen. Für Komfort sorgten eine moderne Abwässerbeseitigung, Straßenpflasterung, Frischwasser aus dem Wasserwerk am Teufelssee und Gas. Einstige Anziehungspunkte für das gesellschaftliche Leben waren das Kaiser-Wilhelm-Denkmal eingangs der Nußbaumallee, das 1872 eröffnete Kasino, die Rennbahn nördlich der Heerstraße und die Eisbahn am Branitzer Platz. Quistorps ehrgeizigstes Unternehmen, das mit dem Bau des Wasserturms Germania an der Eschen- und Platanenallee begann, hätte Westend zusätzlich mit einer prächtigen Ausstellungshalle und einer Aussichtsterrasse versehen, konnte jedoch nie im geplanten Umfang realisiert werden, und der Turm wurde schließlich abgerissen. Mit der architektonischen Vielfalt der Villen, den Gärten, die früher oft mit Gewächshäusern, Pavillons und Tennisplätzen ausgestattet waren, gehört Westend immer noch zu den bevorzugten Wohngegenden Berlins.

Gruß aus dem **„Westend-Kasino“**
Spandauer Chaussee ::: **Karl Ostermann** ::: Ecke Kastanien Allee.

Neu-Westend

Am Sachsenplatz (heute Brixplatz) wohnten der Komponist Paul Hindemith (Nr. 1), der Regisseur Veit Harlan und seine Frau, die Schauspielerin Hilde Körber (Nr. 1), der Filmstar Henny Porten (Nr. 10), der Boxer Max Schmeling und seine Frau Anny Ondra (Nr. 10), der Schauspieler und Regisseur Willi Forst (Nr. 10) und der Dichter Joachim Ringelnatz (Nr. 12).

Um den rapide steigenden Bedarf an Wohnraum zu decken, schloß die Stadt Charlottenburg 1901 einen Vertrag mit der Deutschen Bank, die eine »Neu-Westend AG« unter Führung des Bauunternehmers Alfred Schrobsdorff zur weiteren Erschließung im Westen gründete. Hatte das Unternehmen für die Bebauung des Geländes zwischen der heutigen Wundtstraße und der Berlin-Hamburger-Anschlußbahn zu sorgen, übernahm die Stadt die Einrichtung der Straßen, Plätze und Brücken über die Ringbahn, die gärtnerischen Anlagen, die Beleuchtung und Kanalisation der Grundstücke. Nach der Eröffnung der U-Bahn am Reichskanzlerplatz (heute Theodor-Heuss-Platz) 1908 beschleunigten weitere Terrain- und Grundstücksgesellschaften die Erschließung. Im Gegensatz zu Alt-Westend war im kurvig verlaufenden Straßennetz, das dem neuen Bereich eine moderne »malerische« Note gab, eine Bebauung mit zwei-, aber auch vier- bis fünfgeschossigen Mietshäusern vorgesehen. Sie haben keine Hinterhäuser, waren meist wie die repräsentativen Putzbauten am Fürstenplatz mit grünen Innenhöfen ausgestattet und boten relativ große Wohnungen für das gehobene Bürgertum. Von Anfang an war die soziale Durchmischung in Neu-Westend größer als in Alt-Westend. Aber auch hier siedelten sich wegen des Wohnkomforts im Grünen besonders um den Brixplatz (früher Sachsenplatz) seit dem Ende der zwanziger Jahre viele Künstler an. Den Platz selbst hat 1913 Gartenbaudirektor Erwin Barth als märkische Landschaft angelegt. Barths erstes Werk in seinem Charlottenburger Amt war die Einrichtung des Karolingerplatzes. Diesen hatte er noch, einem fürstlichen Barockgarten ähnlich, mit Blumenbeeten und die Wege umgebenden Rosenbögen als innerstädtischen Schmuckplatz gestaltet.

Am Funkturm

Dem Brand, der am 11.8.1935 die Rundfunkausstellung vernichtete, wäre beinahe auch der Funkturm zum Opfer gefallen. Riesige Wassermengen wurden benötigt, um den glühenden Turm zu retten und damit auch die Besucher, die im steckengebliebenen Fahrstuhl um ihr Leben bangten.

Bis zur Jahrhundertwende hatte der außerhalb der Ringbahn gelegene Südwesten Charlottenburgs wenig Beachtung gefunden. Auf der Suche nach Ausstellungsflächen setzte sich dann vor allem die Autoindustrie für die Erschließung des wenig besiedelten, teilweise als Exerzierplatz genutzten Geländes ein. Weil nach der Eröffnung des U-Bahnhofs Reichskanzlerplatz (heute Theodor-Heuss-Platz) und mit dem Baubeginn am Bahnhof Witzleben mit günstigen Verkehrsverbindungen zu rechnen war und wegen der Nähe zur AVUS, errichtete der »Verein Deutscher Motorfahrzeug-Industrieller« 1914 am Messedamm eine riesige Ausstellungshalle, die wegen des Krieges erst 1921 genutzt werden konnte. 1924 entstanden zwei weitere Hallen, in denen die »Gemeinnützige Berliner Messe- und Ausstellungs-GmbH« Fachmessen präsentierte: die »Halle 2«, parallel zur ersten auf dem Gelände des heutigen Busbahnhofs gelegen, und hundert Meter weiter südlich das »Haus der Funkindustrie«. Es wurde nach Plänen von Heinrich Straumer ganz aus Holz gebaut, um Störungen im Sende- und Empfangsbetrieb zu vermeiden, und bereits 1935 bei einem Brand vernichtet. Daneben entstand nach Plänen Straumers 1925/26 auch der Funkturm.
Im neuen Hauptbereich der Berliner Stadtplanung wurden in den folgenden Jahren eine Reihe weiterer Bauten (u. a. die Deutschlandhalle) eröffnet, 1931 auch das »Haus des Rundfunks« an der Masurenallee. Hans Poelzig hat den eleganten, fast herzförmigen Klinkerbau entworfen, in dem die Sendesäle – prototypisch – sorgfältig vom Verkehrslärm abgeschirmt sind.

Denkmale

Der Entschluß, ein Gefallenen-Denkmal in Alt-Lietzow zu errichten, resultierte sicherlich aus den Erfahrungen des Jahres 1871, als bei den Friedensfeiern der Westend-Bewohner der Festzug der Charlottenburger unerwünscht war. Für zukünftige ähnliche Unternehmungen hatte man in Charlottenburg nun eine eigene adäquate Kulisse geschaffen.

Mit den Umgestaltungen der Anlagen von Schloß, Schloßstraße und Luisenplatz wechselte auch der Skulpturenschmuck. Anstelle des Standbildes von Prinz Albrecht von Preußen, das seit 1901 den Eingang zur Schloßstraße akzentuiert, haben zwei bronzene Gardes du Corps mit Pferden den ehemaligen Grünstreifen vor dem Ehrenhof geschmückt. Die 1855 nach Errichtung der Stülerbauten vom Bildhauer August Kiß geschaffenen Bildwerke, ein Geschenk von Zar Nikolaus an Friedrich Wilhelm IV., wurden 1893, nach dem Umzug der Leibgarde nach Potsdam, vor die dortige Kaserne versetzt und sind nicht mehr erhalten.
Zu den ersten im Auftrage der Stadt Charlottenburg geschaffenen Denkmalen zählt der Löwe in der Grünanlage Alt-Lietzow, wahrscheinlich ein Werk Albert Wolffs. Das 1875 enthüllte Standbild wurde zum Gedenken an die Gefallenen der Kriege 1864, 1866 und 1870/71 aufgestellt und war beliebtes Ziel festlicher Umzüge aus »patriotischem Anlaß«. Das 1905 anläßlich der 200-Jahr-Feier auf dem einstigen Luisenplatz vor dem Schloß errichtete, mehr als vier Meter hohe Denkmal Friedrichs III. und die zugehörige monumentale Anlage sind noch heute vielen in Erinnerung. Mit der von Joseph Uphues geschaffenen Skulptur wurde der Kaiser geehrt, der seine Regentschaft ausschließlich in Charlottenburg verbracht hatte.
Eine Besonderheit in der Reihe der Denkmale und Brunnen stellt der Entenbrunnen in der Hardenbergstraße vor dem Renaissance-Theater dar. In bewußter Abkehr von um die Jahrhundertwende gebräuchlichen Bildtypen hat der Bildhauer August Gaul hier Tiere abgebildet. Den mittlerweile stark restaurierten Brunnen hat der Kunsthändlers Paul Cassirer 1911 der Stadt Charlottenburg geschenkt.

Verkehr

Beim Bau der Untergrundbahn am heutigen Richard-Wagner-Platz war auch die alteingesessene Charlottenburger Transportfirma Hertling beteiligt. Sie hat täglich bis zu 200 Pferdegespanne für die Ausschachtung geliefert.

Verbesserte Verkehrsverhältnisse bewirkten in den achtziger Jahren des vorigen Jahrhunderts einen rapiden Bevölkerungszuwachs in Charlottenburg. Seit 1865 war man nicht mehr auf die unregelmäßig eingesetzten »Torwagen« angewiesen, wollte man zum Brandenburger Tor fahren, oder auf Droschken und Pferdeomnibusse, sondern konnte ein neues Verkehrsmittel benutzen: die Pferdestraßenbahn. Sie beförderte rund 45 Personen in zehnminütigem Abstand auf der Strecke zwischen Tor und Spandauer Damm. Mit diesem Verkehrsmittel waren 1876 und 1880 auch der Zoologische Garten und die Hardenbergstraße erreichbar. Die Elektrifizierung der Straßenbahn erfolgte 1897 nach ersten Probeversuchen, bei denen die Firma Siemens rund 15 Jahre zuvor in Charlottenburg die Weltneuheit vorgestellt hatte.
Während die Anbindung an die Ringbahn mit dem 1877 eröffneten Bahnhof Westend zunächst weitgehend folgenlos blieb, weil die vor allem für militärische Zwecke gebaute Bahnlinie nicht auf direktem Wege zur Berliner Innenstadt führte, war die Inbetriebnahme der Stadtbahn 1882 von größter Bedeutung. Damit schwanden manche Vorbehalte gegen einen Umzug nach Charlottenburg. Auch mit dem Bau der elektrischen Hoch- und Untergrundbahn zwischen Warschauer Brücke und Knie (heute Ernst-Reuter-Platz) wurde eine weitere Verkehrsverbesserung erzielt. Daß sie westlich vom Nollendorfplatz als U-Bahn fortgeführt wurde, ist dem Einspruch der Anwohner und Geschäftsleute der vornehmen Tauentzienstraße zu verdanken. Im Gegenzug erteilte die Stadtverwaltung der »Hochbahngesellschaft« die Genehmigung zur Weiterführung der Strecke über das Knie hinaus zum Wilhelmplatz (heute Richard-Wagner-Platz). Dieser Bahnhof wurde 1906 eingeweiht.

Militär

Schon vor dem Ersten Weltkrieg, nämlich um die Jahrhundertwende, haben die Elisabether in dem welligen Sandgelände zwischen Sophie-Charlotten-Straße und Westend Schützengräben ausgehoben und patriotisch gesinnten Zuschauern Angriffstechniken gegen den markierten Feind am Waldrand demonstriert.

Von den vierziger Jahren des 18. Jahrhunderts an war das Garde du Corps, die königliche Leibgarde, im nördlichen Bereich der Schloßstraße untergebracht, in der Nähe der kommunalen Einrichtungen der jungen Stadt. Zu beiden Seiten der Straße wurden auf Geheiß Friedrichs II. Wohn- und Stallgebäude erschaffen, die später mehrfach umgebaut und erweitert wurden. Den Kasernen hat erst Friedrich Wilhelm IV. mit den beiden 1859 nach Plänen von August Stüler errichteten Eckbauten eine repräsentative Gestalt gegeben. Darin befinden sich heute die Sammlung Berggruen (vorher das Antikenmuseum) und seit 1967 das Ägyptische Museum. Nach der Verlegung des Garde du Corps nach Potsdam 1889 wurden die Stülerbauten von einem Bataillon des Garde-Grenadier-Regiments »Königin Elisabeth« genutzt und u. a. um einen Speicher für die Verpflegung der Pferde in der Neufertstraße, die deswegen früher Magazinstraße hieß, sowie einen Exerzier- und Reitplatz am Rande des heutigen Klausenerplatzes ergänzt.
Eine weitere große Kaserne dieses Regiments wurde 1893 an der Königin-Elisabeth-Straße eröffnet. Sie hatte den Zuzug zahlreicher hoher Militärs nach Westend zur Folge. Gegen Ende des 19. Jahrhunderts entstand ein zusätzlicher militärischer Komplex in der Fasanenstraße und im Bereich der Stadtbahn. Dazu gehörte ab 1876 die ehemalige Artillerie- und Ingenieurschule, die der Weiterbildung von Offizieren diente. Ihr folgten militärische Zweckbauten in der Jebensstraße, darunter ein Lazarett, ein Kasino und ab 1927 das Heereswaffenamt (heute Institute der Technischen Universität). Für den Obersten Gerichtshof in militärischen Sachen haben die Architekten Kayser und von Großheim 1908 das Reichsmilitärgericht am Witzlebenplatz gebaut, in dem sich heute das Kammergericht befindet.

Gotteshäuser

Mehr als 70 000 Gemeindemitglieder hatten die vier Pfarrer der neuen Kaiser-Wilhelm-Gedächtniskirche zu betreuen, jährlich 1 120 Konfirmanden und sonntags 750 Gottesdienstbesucher.

Dank der Unterstützung von Friedrich I. erhielten die Charlottenburger 1712 eine eigene Kirche, die ab 1826 Luisenkirche genannt wurde. Zuvor hatten sie den beschwerlichen Weg über die Feldmark nach Lietzow in Kauf nehmen müssen, um am Gottesdienst teilzunehmen, oder sie mußten sich mit einem Wagenschuppen in der Schloßstraße begnügen. Die Kirche wurde nach Plänen von Philipp Gerlach und Martin Böhme gebaut. Prägend für das Stadtbild wurde sie erst 110 Jahre später mit dem Umbau durch Karl Friedrich Schinkel, der ihr endlich einen Turm gab.
Die Gründung weiterer evangelischer Tochtergemeinden wurde 1895 mit dem Bau der Kaiser-Wilhelm-Gedächtniskirche eröffnet. »Größer und vergolden«, hatte der Kaiser vom Architekten Schwechten verlangt, dem dafür dank Spenden aus ganz Deutschland 3,5 Millionen Mark zur Verfügung standen.
Die Katholiken Charlottenburgs, erst seit 1845 eine eigene Gemeinde, erhielten 1875 mit der von Hubert Stier errichteten Herz-Jesu-Kirche das dringend benötigte Gotteshaus. Maßgebliche Impulse für die Gründung von Kuratien und die Ansiedlung des Canisius-Gymnasiums in der Neuen Kantstraße 2 hat Bernhard Lichtenberg gegeben, der von 1913 an als Pfarrer in der Herz-Jesu-Kirche wirkte. Er wurde später ein Opfer des Hitlerregimes.
Das aufstrebende intellektuelle Zentrum im Neuen Westen war der Grund für den Zuzug vieler Juden aus Berlins Mitte, darunter zahlreiche Künstler und Gelehrte. Nach der ab 1890 einsetzenden Errichtung privater Gotteshäuser entstand 1912 die repräsentative Synagoge in der Fasanenstraße, die als freistehender Bau mit 1720 Plätzen und in der Verwendung orientalischer Stilformen vom Selbstvertrauen der Gemeinde zeugte.

Gerichtswesen

Auch der Sozialdemokrat August Bebel hat 1877 wegen »Bismarckbeleidigung« in Plötzensee eingesessen. Ihm blieb der »Maskenflügel« erspart, in dem politische Häftlinge, die von den Mitgefangenen nicht erkannt werden sollten, nur mit schwarzen Gesichtsmasken ihre Zellen verlassen durften und auch in der Kirche in mannshohen Holzkästen isoliert wurden.

Lange Zeit notdürftig im ersten Rathaus untergebracht, bezog das Charlottenburger Stadtgericht 1847 einen eigenen Neubau in der Kirchhofstraße (heute Warburgzeile). Es wurde 1879 vom Kgl. Amtsgericht ersetzt, das 1897 an den gleichnamigen Platz verlegt wurde. Eine zugehörige Strafanstalt wurde im gleichen Jahr in der Kantstraße 79 eröffnet.
Da das Stadtvogtei-Gefängnis am Molkenmarkt und die Rummelsburger Anstalt nicht mehr ausreichten, erhielt Charlottenburg 1872 für das Stadt- und Kreisgericht zwischen Hüttigpfad, Gründelweg und Heckerdamm (früher Königsdamm) das Gefängnis Plötzensee, eine der größten Strafanstalten Preußens. Bis zu 1400 Gefangene konnten aufgenommen werden. In dem seiner Größe, der modernen sanitären Einrichtungen, der Beköstigung und der Arbeitsmöglichkeiten wegen »Strafpalast« genannten Gefängnis saßen nach einem Bericht von 1882 in der Mehrzahl Inhaftierte »aus den arbeitenden Klassen« ein, darunter auch Kinder und Jugendliche im Alter von 12 bis 18 Jahren. Besonders viele Männer aus der sozialistischen Arbeiterbewegung waren hier inhaftiert. In der Zeit des Nationalsozialismus wurde das Gefängnis zur zentralen Hinrichtungsstätte aller vom Volksgerichtshof und vom Kammergericht zum Tode Verurteilten.
In der Erweiterung seiner Gerichtsbarkeit wurde Charlottenburg 1905 das Landgericht III zugewiesen, das zur Belebung der Besiedlung nördlich der Spree am Tegeler Weg untergebracht wurde. Ihm folgten 1907 die Fertigstellung des Preuß. Oberverwaltungsgerichts (heute Bundesverwaltungsgericht) in der Hardenbergstraße und 1908 die Grundsteinlegung für das ehemalige Reichsmilitärgericht (heute Kammergericht und Erster Strafsenat des Bundesgerichts) am Witzlebenplatz.

Sozialfürsorge

»Noch mehr Gesindel« fürchtete die »Charlottenburger Tageszeitung« vor der Eröffnung des Ledigenheims und forderte am 8.9.1907 den Magistrat auf, einzuhalten in seinem »sozialpolitischen Koller«. Der Magistrat hat sich aus sozialpolitischen Gründe nicht davon beirren lassen. Außerdem schien das Projekt wirtschaftlich viel zu erfolgversprechend.

Noch kurz nach 1900 konnten 8000 junge unverheiratete Arbeiter keine erschwingliche Wohnung in Charlottenburg finden. Sie mußten sich daher mit Schlafstellen begnügen. Um diesem Mißstand abzuhelfen, wurde mit Unterstützung der Stadt von einer Aktiengesellschaft 1908 das erste Ledigenheim im Deutschen Reich eingerichtet. Es verhalf 345 Männern zu einem billigen Zimmer. Die Ausstattung des Hauses mit einer Speisehalle, einer Warmbadeanstalt und einer Volksbücherei sollte wesentlich zu seiner Rentabilität beitragen. Für berufstätige ledige Mütter und ihre Kinder hatte man dank des Engagements einiger Bankiersgattinnen bereits ein Jahr zuvor in Westend ein großes Mütter- und Säuglingsheim eröffnet. Sie wurden hier ungewöhnlich lange – bis zu sechs Jahre – aufgenommen. Allein der Nachweis dieser Heimstätte hat viele Dienstmädchen vor dem Verlust des Sorgerechts über ihre unehelichen Kinder bewahrt. Einrichtungen wie das Wilhelm-Stift versorgten »bedürftige Witwen und Jungfrauen der gebildeten Stände« im Alter (ab fünfzig Jahren!). Das Heim ist 1867 am heutigen Spandauer Damm entstanden. Die Zentrale der privaten und staatlichen Wohlfahrt befand sich im Cecilienhaus, das der »Vaterländische Frauenverein« mit Hilfe der Stadt 1909 eröffnet hatte. Es beherbergte eine Klinik, eine Volksküche, Fürsorgestellen für Alkohol- und TBC-Kranke, eine Arbeitsvermittlung, Anna von Gierkes »Verein Jugendheim«, der in der Goethestraße 22 Kinder ärmerer Familien betreute, und ein Museum für Frauenkunde. In einem weiteren Museum, später Arbeitsschutz-Museum genannt, stellte Charlottenburg 1903 in der Fraunhoferstraße 11/12 erstmalig Schutzvorrichtungen gegen Betriebsunfälle, Arbeitsschutz-Kleidung und Errungenschaften der sozialen Hygiene aus.

Krankenhäuser

Charlottenburg. Kirchstraße Städt. Krankenhaus.

In einem für diese Einrichtung typischen Pragmatismus wurde im Kaiserin Auguste Viktoria-Haus die umstrittene Frage nach der Verträglichkeit von Kuhmolke für Säuglinge geklärt. Um hygienisch einwandfreie Milch zu erzeugen, wurden die neun Kühe im eigenen, von oben bis unten gekachelten Stall täglich zweimal warm abgeduscht.

Dreißig Patienten konnten in den vier Räumen des ersten Charlottenburger Krankenhauses betreut werden, das dank der Initiative des Oberpredigers Dressel 1802 an der Guerickestraße für die Armen errichtet worden war. Weder mit diesem noch mit dem 1867 nach Plänen von Eduard Knoblauch in der Kirchstraße (heute Gierkezeile) eröffneten Neubau konnte die Stadt den Bedarf decken. Sie beschloß daher 1895 den Bau eines großen, neuesten Anforderungen genügenden Krankenhauses. Es wurde von den Architekten Heino Schmieden und Boethke auf dem einstigen Gelände des Pferdemarktes am Spandauer Berg errichtet. Die Ausstattung dieser Klinik erfolgte nach den jüngsten Erkenntnissen der Bakteriologie und Hygiene. Auch die Anlage selbst, eine lockere Folge von Pavillons im Grünen, entsprach modernsten Standards des Krankenhausbaus. Mit dem Kaiserin Auguste Viktoria-Haus, das am Heubnerweg in der Nähe des 1901 eröffneten Bürgerhauses für die Pflege von Chronisch- und Alterskranken eingerichtet wurde, verfügte Charlottenburg schließlich seit 1909 über eine der ersten deutschen Kliniken für die Behandlung von Säuglingen. Der repräsentative, von Alfred Messel entworfene Bau war dank des Engagements der Kaiserin und mit Unterstützung der Stadt entstanden, die das Grundstück zur Verfügung gestellt hatte. Die Klinik leistete nicht nur wirksame Beiträge bei der Bekämpfung der damals hohen Säuglingssterblichkeit, sondern auch in der Sozialfürsorge mit der Herausgabe von Aufklärungsschriften wie der millionenfach aufgelegten »Säuglingspflegefibel«, die älteren Kindern Grundlagen der Betreuung ihrer jüngeren Geschwister erläuterte. Die Stadt ergänzte den Krankenhauskomplex am Schloßpark 1911 durch die Pulsklinik für Geburtshilfe.

Schulen

Noch 1870 waren die Klassen der Gemeindeschule I mit mehr als achtzig Schülern so überfüllt, daß die Schulbänke nicht ausreichten. In seiner Not veranlaßte Lehrer Schwarzlose die Kinder, Fußbänke in den Unterricht mitzubringen. Nach dem Aufmarsch der Schüler mit ihren »Hutschen« vor dem Rathaus begann die Stadtverwaltung, ihre Maßnahmen zur Verbesserung der Schulraumsituation zu intensivieren.

Bis in die 1860er Jahre hinein war Charlottenburg nur mit wenigen Elementar- und Bürgerschulen ausgestattet. Eine Gymnasialbildung vermittelte einzig das Kaiserin-Augusta-Gymnasium. Diese Schule war Nachfolgerin des von Ludwig Cauer und einem Kreis von Fichte-Schülern 1818 gegründeten »Erziehungs-Instituts für die höheren Stände«, dessen Unterricht vom modernen pädagogischen Denken Pestalozzis geprägt war. Gegen Ende des 19. Jahrhunderts entwickelte die Stadt mehr aus eigener Initiative als auf ministeriale Weisung hin ein vorbildliches Schul- und Bildungswesen. Zeitweilig wurden dafür dreißig Prozent des Haushalts investiert. Überdurchschnittlich im Vergleich zu anderen preußischen Städten war der Ausbau des »niederen« Schulwesens, den Bevölkerungsexplosion und die Ansprüche der Industriegesellschaft erforderlich gemacht hatten. Charlottenburg verfügte 1917 über 35 Gemeindeschulen für 28 000 Schüler. Damit sank die Klassenfrequenz auf unter fünfzig Schüler. Mit dem Wirken von Stadtschulrat Neufert und privaten Förderern festigte sich auch Charlottenburgs Ruf als Zentrum reformpädagogischer Bestrebungen. Die Einführung eines leistungsdifferenzierten Unterrichts für Volksschüler etwa sorgte für eine deutliche Verbesserung der Versetzungsrate.
Die 1904 im Grunewald eingerichtete Waldschule versorgte nicht nur gesundheitlich geschwächte Schüler, sondern entwickelte sich zu einem reformpädagogischen Modell mit einer besonderen Erziehung zum Gemeinschaftsleben in der Natur.

Hochschulen

Erst 1919 war Frauen die Aufnahme in die Kunsthochschule gestattet. Zuvor hatte man ihnen das nötige Talent abgesprochen. Auch meinte man, sie vor einem »verfehlten Dasein« bewahren zu müssen. Besonders gewarnt wurde vor der Gefahr, die das Aktzeichnen mit sich brächte: Hier liefe die Frau Gefahr, »ihr Bestes« zu verlieren.

Ab den achtziger Jahren des vorigen Jahrhunderts entstand im Dreieck von Fasanen-, Berliner und Hardenbergstraße ein bedeutender Hochschulkomplex. Daß Charlottenburg bei der Diskussion um mögliche Standorte als Sieger hervorging, verdankte es nicht nur der günstigen Verkehrsanbindung durch den Bahnhof Zoologischer Garten und dem Umstand, daß hier genügend disponibler fiskalischer Grundbesitz vorhanden war, sondern vor allem dem noblen Villenviertel in unmittelbarer Umgebung des projektierten Wissenschaftszentrums. Damit meinte man, der steigenden Bedeutung von Technik und Wissenschaft adäquat Rechnung zu tragen.
So entstand 1884 zwischen der Villa Bleichröder und dem Hippodrom die Technische Hochschule, die Bau- und Gewerbeakademien vereinigte, ein nach Plänen von Lucae, Hitzig und Raschdorff errichtetes prunkvolles Gebäude, dessen Rampe der Verbreiterung der Berliner Straße weichen mußte. Sie erhielt 1899 den Status einer Universität.
1902 errichteten die Architekten Kayser und von Großheim auf einem Teil der königlichen Baumschulen an der Hardenbergstraße neben der 1876 entstandenen Artillerie- und Ingenieurschule die Hochschulen für die bildenden Künste und für Musik. Dank ihres Direktors Anton von Werner jahrelang Vermittler wilhelminischen Kunstverständnisses, entwickelte sich die Kunsthochschule erst nach 1900 zu einer der bedeutendsten in Deutschland. Ähnlich erging es der Musikhochschule, der seit 1902 das Institut für Kirchenmusik angegliedert war. Unter der Leitung des Violinisten und Komponisten Joseph Joachim auf die Ausbildung von Virtuosität und individueller Spitzenleistung ausgerichtet, erlebte sie ihre kreativste Phase in den zwanziger Jahren.

Gruß aus Charlottenburg. *Kgl. Artillerie- und Ingenieurschule.*

Kunstverlag J. Goldiner, Berlin. – 590a

Charlottenburg Hardenbergstr. mit Hochschule für Kirchenmusik

Geschäftswelt

Acht pompöse, gerade erst zwölf Jahre alte Mietshäuser mußten dem Bau des KaDeWe weichen, das in nur 260 Tagen Bauzeit errichtet wurde. In der ebenmäßigen, geschlossenen Front sind allein die Eingänge hervorgehoben. Der Haupteingang durch eine große Bronzeuhr von drei Metern Durchmesser und eine bronzevergoldete Kogge mit geblähten Segeln, Sinnbild für die erwünschte weltweite Geltung.

Nach 1900 waren die meisten erwerbstätigen Charlottenburger nicht mehr in der Landwirtschaft und Gastronomie beschäftigt, sondern in der Industrie, zunehmend auch im Handel. Geschäfte wie Hugo Aschbrenners Kolonialwarenladen, in denen man von »Liebig's Fleischextract« bis zu »Kaiser's Katarrh-Caramellen« alles zum Leben Notwendige bekommen konnte, prägten das Bild aller Wohnviertel. Auch die Pferdewagen gehörten dazu, mit denen Eishandlungen 25 Kilo schwere Eisblöcke für die hölzernen Vorratsschränke lieferten – ein Beispiel des breitgefächerten Kleingewerbes im alten Charlottenburg. Für größere Einkäufe suchte man seit 1905 das Warenhaus in der Wilmersdorfer Straße auf. Unter wechselnden Besitzern (Adolf Jandorf, ab 1926 Hermann Tietz, in den dreißiger Jahren die Hertie-GmbH) erweitert und umgebaut, war es die wichtigste Einkaufsadresse für den Kernbereich Charlottenburgs. Noch beliebter waren jedoch die Warenhäuser in Berlin-Mitte.
Erst mit der Eröffnung des KaDeWe (Kaufhaus des Westens) am damals noch zu Charlottenburg gehörigen Wittenbergplatz hatte der Neue Westen eine Alternative zu bieten. Viele haben den Wagemut Jandorfs bewundert, der dieses Geschäft für den »gehobenen Bedarf« 1907 am Vorort- und Stadtrand mitten in einem Wohngebiet errichtet und den Architekten Emil Schaudt veranlaßt hatte, im Verzicht auf das für Warenhäuser gängige Pfeiler-Glaswand-System Rücksicht auf die Architektur der umgebenden Mietshäuser zu nehmen. Tatsächlich ging seine Rechnung auf. Schon bald zog das KaDeWe die Ansiedlung einer Reihe von Luxusgeschäften zuerst am Tauentzien, dann am Kurfürstendamm nach sich. Eine bürgerliche Wohngegend wandelte sich zur Hauptgeschäftszone.

Industrie

Dank seiner Frau Hedwig entwickelte sich in der Fabrik des Georg Heyl ein aufsehenerregendes, vorbildliches System sozialer Einrichtungen. Hier entstanden das erste Brausebad für die Fabrikarbeiter, eine Speiseanstalt und ein Schulhaus für die Kinder der Werksangehörigen, Keimzelle des ebenfalls von Hedwig Heyl initiierten Jugendheims, das 1894 in die Pestalozzistraße verlegt und von der Stadt übernommen wurde.

Die Entwicklung Charlottenburgs ab der Mitte des 19. Jahrhunderts zu einer »Fabrikstadt« hat das Erscheinungsbild des Berliner Wohnvorortes kaum beeinträchtigt, denn die Industriebetriebe lagen außerhalb der alten Stadt, besonders am Landwehrkanal zwischen Dove- und Charlottenburger Brücke. Am Salzufer nahm als eines der ersten Unternehmen die Farbenfabrik Heyl die Produktion auf. Ihr folgte 1836 die Tonwarenfabrik von Ernst March. Deren Terrakotta-Baudekor zierte nicht nur die eigene Villa auf dem Werksgelände in der Sophienstraße 23/25, sondern ist noch heute an allen großen öffentlichen Bauten Berlins aus jener Zeit zu finden. Neben den Marchs siedelte sich 1852 die Farbenfabrik Beringer an. Gegenüber in der Franklinstraße produzierten seit 1840 und 1862 die Maschinenfabriken Freund und Gebauer. Auch die Königliche Porzellan-Manufaktur wurde 1865 nach Charlottenburg verlegt.

Als mit dem Bahnhof Westend (1877) der Güterverkehr erleichtert wurde und auch kein Chausseegeld mehr an der Charlottenburger Brücke zu entrichten war, ließen sich schließlich die beiden bedeutendsten Unternehmen in Charlottenburg nieder: 1880 die Firma Schering am Tegeler Weg (rechts unten) und ab 1872 auf dem einstigen Freundschen Gelände die Firma Siemens & Halske.

Eines der Charlottenburger Produkte war im ganzen Berliner Raum beliebt: das Tafelwasser der Mineralwasserfabrik Fürstenbrunn, Lieblingsgetränk des letzten Kaisers. Es wurde ebenfalls außerhalb der einstigen Stadtgrenze, am Fürstenbrunner Weg, abgefüllt.

Mit Fabrikanlagen wie diesen hatte Charlottenburg um 1900 eine verhältnismäßig große Industrie aufzuweisen, in der damals rund zwei Drittel aller gewerblich Tätigen (48 000 Personen) beschäftigt waren.

Natur und Freizeit

„Rollschuhbahn", Kurfürstendamm 151, Berlin W.

Obwohl Charlottenburg längst zur »City« avanciert war, konnte man hier noch in den fünfziger Jahren »Landluft« schnuppern. Damals existierten hier noch 56 landwirtschaftliche Betriebe mit 218 Pferden, 222 Kühen und 17 973 Hühnern.

Den Kurfürstendamm suchten die Charlottenburger früher nicht nur seiner Cafés und Kinos wegen gern auf, sondern auch um sich hier sportlich zu betätigen. Zwischen elegante Automobile und Reiter mischten sich die »Velociped«-Fahrer, bis der Magistrat aus »Furcht um Leib und Leben« die Benutzung von Hochrädern auf Hauptstraßen untersagte. Auch das Roll- und Schlittschuhlaufen gehörte zu den Volkssportarten. Besonders häufig wurden um 1908 die Roll- und Eislaufbahnen am Kurfürstendamm 151 oder auf dem Gelände der heutigen »Schaubühne« frequentiert. Zuvor hatte man dem Eissport in der Wilmersdorfer Straße, der Leibnizstraße, in der »Flora«, vor allem aber auf der Westeisbahn am Zoo gefrönt. Nach der Jahrhundertwende bemühte sich die Stadt um die Einrichtung von Erholungsparks. Sie erwarb 1904 rund 800 Morgen der Jungfernheide vom preußischen Fiskus, ein Gebiet, das für die Jagd, aber auch als Schieß- und Übungsplatz genutzt worden war. Der hohen Kosten wegen wurde das urwüchsige Waldgelände mit dem künstlichen Teich erst 1921 nach Entwürfen von Erwin Barth zu einem »Volkspark« umgestaltet – eine neue Einrichtung in Berlin, anderswo aber längst bekannt. Dafür wurde der Park mit einer Badeanstalt, einer Freilichtbühne und einem Wildgehege ausgestattet. Auch kaufte die Stadt um 1910 für fast drei Millionen Mark den Park am Lietzensee, der nach 1824 von Staatsminister von Witzleben angelegt worden war. Der Ostteil des Geländes wurde zur weiteren Bebauung veräußert, der Westteil und der beibehaltene Grünstreifen am Seerand wenig später gärtnerisch angelegt und um eine Kaskadenanlage an der Dernburgstraße ergänzt. Mit diesen Parks und dem Schloßgarten verfügt Charlottenburg noch heute über besonders große Grünflächen.

Vergnügungspark „Jungfernheide", Inh. Moritz Zschiesche, Charlottenburg
Tegeler Weg 74/75. Tel. Charl., 1735

Sport

Immerhin schon 496 Automobile waren eines Sonntags im Juni 1909 auf der Chaussee vom Grunewald nach Beelitzhof registriert worden. Mit der AVUS für eine Verbesserung der Fahrtüchtigkeit zu sorgen, schien also nicht unvernünftig. Beim ersten Rennen, das hier 1921 veranstaltet wurde, erreichten die Sieger übrigens eine Durchschnittsgeschwindigkeit von 130 Kilometern in der Stunde. Die zulässige Höchstgeschwindigkeit im Stadtgebiet betrug 25, im Grunewald 15 Kilometer in der Stunde.

Auch im Bereich des Sports hatte das alte Charlottenburg Unvergleichliches zu bieten. Hier war der erste deutsche Damenschwimmverein »Nixe« angesiedelt, der 1893 gegründet wurde. Die Damen trainierten in der Badeanstalt Kochsee, die 1886 in der Sophie-Charlotten-Straße in Betrieb genommen worden war, dann auch im 1898 eröffneten Stadtbad in der Krummen Straße, dem ersten städtischen Hallenbad im Berliner Raum. Am Spandauer Damm waren der erste deutsche Golfclub, 1895 gegenüber dem Wasserwerk eingerichtet, angesiedelt sowie um 1880/90 eine Rennbahn mit Rummelplatz. Eine weiträumige Pferderennbahn legte Otto March nördlich der Heerstraße an.
Auf diesem erst 1920 Charlottenburg zugesprochenen Gelände entstand 1913 nach Plänen desselben Architekten das Deutsche Stadion, Urtyp aller deutschen Stadionanlagen und eines der größten seiner Zeit. Der Erste Weltkrieg verhinderte, daß hier die Olympiade von 1916 ausgetragen wurde. Erst 1936 wurde der Ort zum Schauplatz Olympischer Spiele mit dem neuen, von Werner March entworfenen Olympia-Stadion.
Schließlich verfügte Charlottenburg über eine Erprobungsstrecke für Automobile, die schon 1909 vom Kaiserlichen Automobil-Club angeregt worden war: die entlang der Bahnstrecke Berlin-Potsdam verlaufende AVUS (Automobil-, Verkehrs- und- Übungsstrecke). Gegründet zu einer Zeit, als Automobilisten wegen technischer Mängel ihrer Wagen noch Sportler sein mußten, um ihr Gefährt sicher über die Straßen zu bringen, wurde sie von 1921 an zur wichtigsten Berliner Rennstrecke.

DEUTSCHES STADION BERLIN-GRUNEWALD

Berlin. Die Avus, vom Funkturm gesehen

Zoologischer Garten

Eine der ersten Anfragen, die von den Berlinern an Zoo-Direktor Lichtenstein gerichtet wurden, betraf ein unerwartetes Problem: Ob es erlaubt sei, im Garten Tabak zu rauchen? Tatsächlich war damals Rauchen auf Straßen und Plätzen bei Androhung einer Strafe von zwei Talern verboten. Erst die Märzstürme von 1848 brachten die ersehnte Rauchfreiheit. Im Zoo galt sie nicht in der Nähe der Käfige, wohl aber auf der Promenade.

Obwohl die Stadt schon Anfang der achtziger Jahre des vorigen Jahrhunderts das Gelände im Tiergarten an Berlin abgetreten hat, betrachten viele Charlottenburger den Zoologischen Garten noch heute als unverzichtbaren Bestandteil ihres Bezirks. Dabei haben sie sich anfangs nur wenig für den Tierpark interessiert. Der Weg dahin war lang und beschwerlich und die kleine, in einem von Lenné entworfenen Garten angesiedelte Menagerie noch wenig anziehend. Entstanden war der Zoologische Garten 1844 dank der Initiative des Zoologen Martin Hinrich Lichtenstein, der dafür 87 Morgen der Fasanerie Friedrich Wilhelms IV. erhalten hatte. Für eine neue Ära des Zoos sorgte einer seiner Nachfolger, Direktor Bodinus, der 1869 sein Amt antrat. Er vergrößerte den Tierbestand und ließ Zwinger errichten, deren Bauformen an die Herkunftsländer der Tiere erinnerten. Fast alle wurden im Zweiten Weltkrieg zerstört. Die prächtige Elefantenpagode haben die Architekten Ende und Böckmann 1873 mit einem Kostenaufwand von 330 000 Mark gebaut. Das Kamelhaus folgte 1869, und fünf Jahre später wurde das Straußenhaus von Kayser und von Großheim im Stil eines ägyptischen Tempels errichtet. Damit rückte der Berliner Zoo an eine der ersten Stellen unter den Tiergärten der Welt. Auch die Verkehrsanbindung wurde mit dem Anschluß an die Pferdebahn und mit der Eröffnung des Bahnhofs Zoologischer Garten 1881 erheblich verbessert. Die Charlottenburger konnten nun auch auf wesentlich kürzerem Wege in den Tierpark gelangen: durch den zweiten Eingang am Kurfürstendamm (Budapester Straße), der seit 1880 den Eingang in der Lichtensteinallee ergänzte, und durch einen gegenüber dem Bahnhof. Gern schickte nun auch die Stadt ihre Schüler in den Zoo, für die es 1882 ermäßigte Preise gab.

Ausstellungsgelände

Nicht nur der Kaiser hielt wenig von der in der Sezession ausgestellten »Rinnsteinkunst«. Auch der Berliner Stadtkommandant betrachtete diese Einrichtung als ein Etablissement von zweifelhaftem Ruf und untersagte Offizieren, hier in Uniform zu erscheinen.

Zwischen 1890 und 1905, als am Kurfürstendamm noch rege Bautätigkeit herrschte, nutzten zahlreiche Unternehmen die Baulücken, um den Menschenströmen, die sich hier am Wochenende einstellten, mit Ausstellungen Unterhaltung zu bieten. So präsentierte ein Konsortium vermögender Financiers im Mai 1897 auf einem zwischen Savignyplatz und Kurfürstendamm gelegenen Gelände eine »Transvaal-Ausstellung«, um die Neugier auf »Exotisches« zu befriedigen. Gezeigt wurde eine kleine »Goldgräber-Stadt mit Goldmine« sowie »Lehmhütten, vor denen stämmige Schwarze in bunten Wolldecken hockten«, dazu Büffel und Strauße. Berge von Gips und Pappe waren für die Gebäude verbraucht worden.
Das renommierteste Ausstellungsgelände in Charlottenburg waren eine Weile die 1907 fertiggestellten Ausstellungshallen am Zoo, die in ihrem Äußeren der Gedächtniskirche und den Romanischen Häusern angepaßt waren. Sie wurden von der Automobilindustrie genutzt, aber auch die Charlottenburger Sozialreformerin Hedwig Heyl hat hier 1912 die große Ausstellung »Die Frau in Haus und Beruf« vorgestellt, die erstmalig umfassend über die Berufsfelder von Frauen informierte.
Die Ausstellungen der Sezession, die sich 1899 in Charlottenburg ansiedelte, machten Berlin zur künstlerischen Metropole Europas. Unter der Führung von Walter Leistikow und Max Liebermann eröffnete die Vereinigung fortschrittlicher Künstler, die sich der herrschenden historischen Kunstauffassung widersetzten, ein kleines Ausstellungsgelände in der Kantstraße 12, neben dem neuen Theater des Westens. Hier und in den späteren Räumen der Sezession (Kurfürstendamm 208/209 und 232) wurden erstmalig die Werke der wichtigsten Künstler vom Anfang des 20. Jahrhunderts ausgestellt.

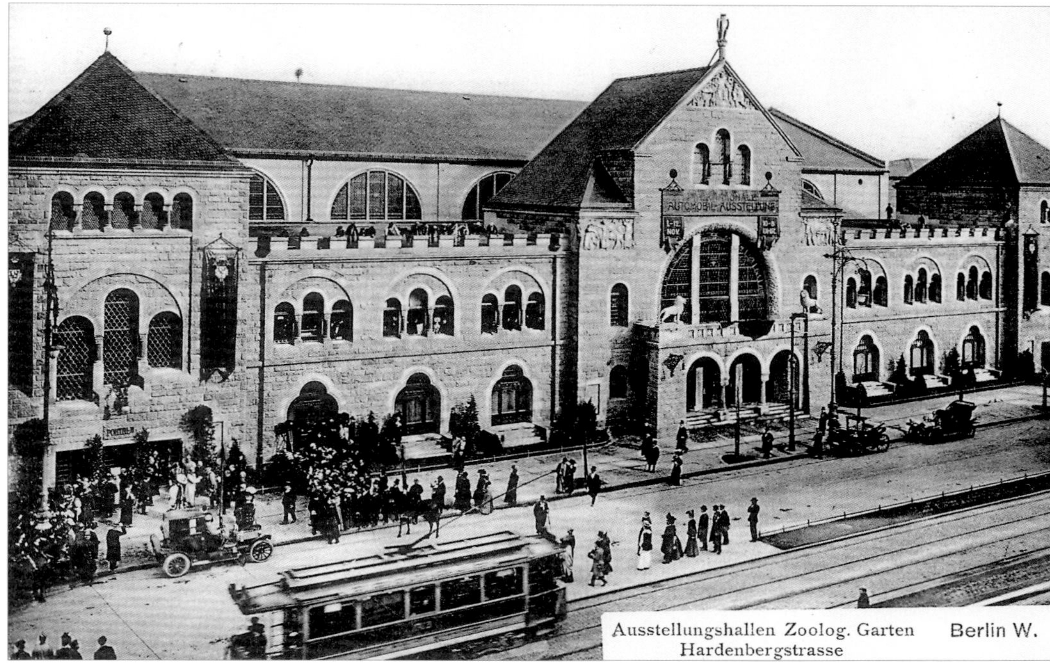

Gaststätten

Eine Weile lief die »Flora« allen anderen Charlottenburger »Vergnügungs-Etablissements« den Rang ab, denn in den imposanten Räumen wurde allerhand geboten: Pflanzenschauen, Experimente mit Heißluft-Ballons, eine Rollschuhbahn, Hochradrennen und sogar Buffalo Bills Wildwestshow.

Traditionell verfügt Charlottenburg über besonders viele Gaststätten. Schon Mitte des 18. Jahrhunderts konnte die sich zur beliebten Sommerfrische entwickelnde Stadt eine ganze Reihe von ihnen aufweisen. Besonders bekannt war seit 1816 das »Türkische Zelt« an der Berliner Straße, in dem auch Theateraufführungen stattfanden, sowie »Muskows Kaffeegarten« vor der Orangerie. Tausende Besucher haben sich sonntags im »Spandauer Bock« vergnügt, in dem der bayerische Bierbrauer Bechmann ein vorzügliches Bockbier ausschenkte und mit Kegelbahn, Tanzboden und Karussells für Volksbelustigungen sorgte.
Während sich das südlich der Spandauer Chaussee (heute Spandauer Damm) gelegene Lokal noch nach 1900 größter Beliebtheit erfreute, endete eines der ehrgeizigsten gastronomischen Unternehmen, die »Flora«, in einer Pleite. Der pompöse Festsaal mit Palmenhaus, damals mit 12 000 Plätzen der größte in Deutschland, war 1874 nach Plänen von Johannes Otzen und Hubert Stier am Charlottenburger Ufer errichtet worden, erwies sich jedoch als unrentabel.
Einige der Cafés und Gaststätten am Kurfürstendamm erlangten Weltruhm, darunter das »Café des Westens«. Hier verkehrte um 1900 die Berliner Boheme – u. a. Erich Mühsam, Else Lasker-Schüler und der Kreis der Frühexpressionisten –, die Berlins Ruf als Kunstmetropole begründete. Der Umbau des Cafés und eine straffere Geschäftsführung ließen von etwa 1918 an das Romanische Café gegenüber der Gedächtniskirche zur neuen Heimat der Künstler und Intellektuellen werden. Der Nationalsozialismus brachte den Geist dieser Künstlerlokale zum Erliegen.

Theater

Deftige Possen und Komödien gehörten zum Repertoire der privaten Theater Charlottenburgs. Tobenden Beifall hat die »Amerikanische Negergesellschaft« erhalten, die 1888 mit einer Aufführung zur Geschichte der Sklaverei im »Stadttheater« in Lützow 3 gastierte und zum Jubel der Zuschauer abschließend die »Wacht am Rhein« anstimmte.

Dem hölzernen »Theatrum«, das Sophie Charlottes Hofgesellschaft Unterhaltung bot, und den auch Bürgern zugänglichen Theateraufführungen im 1787 von Carl Gotthard Langhans errichteten Schloßtheater folgte eine Flut privater Theatergründungen besonders in der zweiten Hälfte des 19. Jahrhunderts.
Mit dem Theater des Westens, einem Prachtbau, den der Architekt Bernhard Sehring mittels waghalsiger Finanztransaktionen auf einem Kohlenplatz der Meierei Bolle errichtete, trat Charlottenburg in den Wettstreit mit den Berliner Bühnen. Mit 1700 Plätzen eines der größten Theater seiner Zeit, machte es mit Erstaufführungen und Gastspielen namhafter Künstler wie der legendären Lilli Lehmann eine Zeitlang sogar der Lindenoper Konkurrenz.
Schon diese Einrichtung, aber auch den Bau des Schillertheaters 1907 hat die Stadtverwaltung als eine wichtige sozialpolitische Aufgabe betrachtet und für das moderne, betont schlichte Haus einen Kredit von über zwei Millionen Mark gewährt. Niedrige Eintrittspreise sollten allen – so Bürgermeister Schustehrus –, »die sich mit aufreibender Arbeit mühen«, die Teilhabe an »seelischer Erbauung« ermöglichen. Regelmäßige Schulvorstellungen wurden aus dem Stadthaushalt bestritten.
Dank des kulturpolitischen Engagements der Stadt wurde 1911 aufgrund der Initiative des Komponisten Engelbert Humperdinck auch ein Opernhaus errichtet, das, mit modernster Bühnentechnik ausgestattet, mit Premieren wie Puccinis »Mädchen aus dem goldenen Westen« in Anwesenheit des Komponisten glänzte.
Mit dem Theater am Nollendorfplatz verfügte Charlottenburg früher schließlich über eine Bühne, die durch die sozialkritischen Inszenierungen Erwin Piscators von sich reden machte.

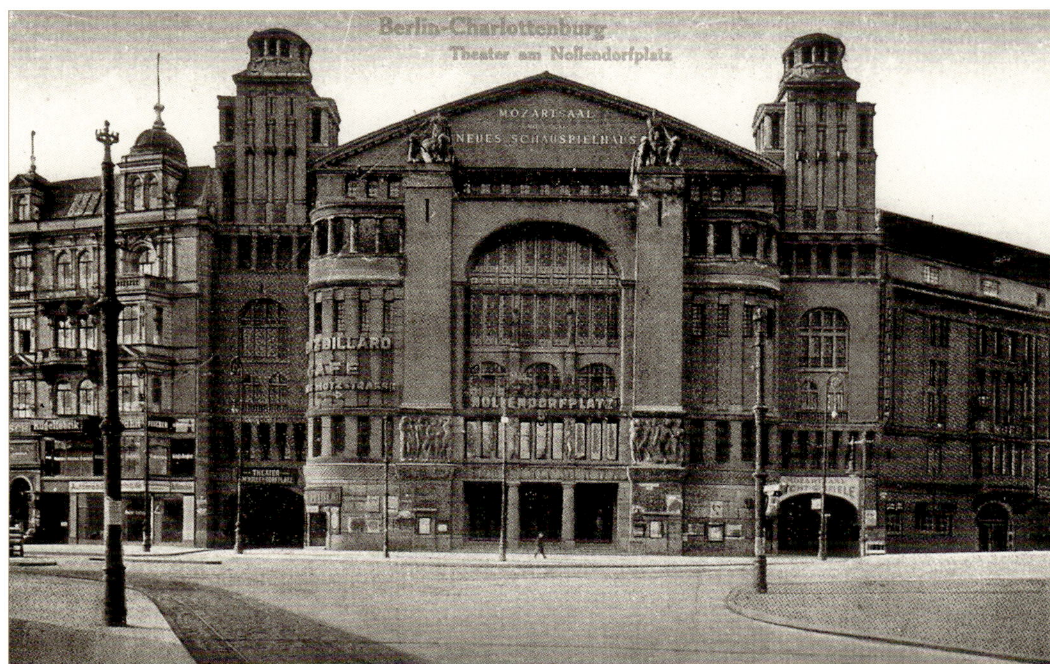

Kinos

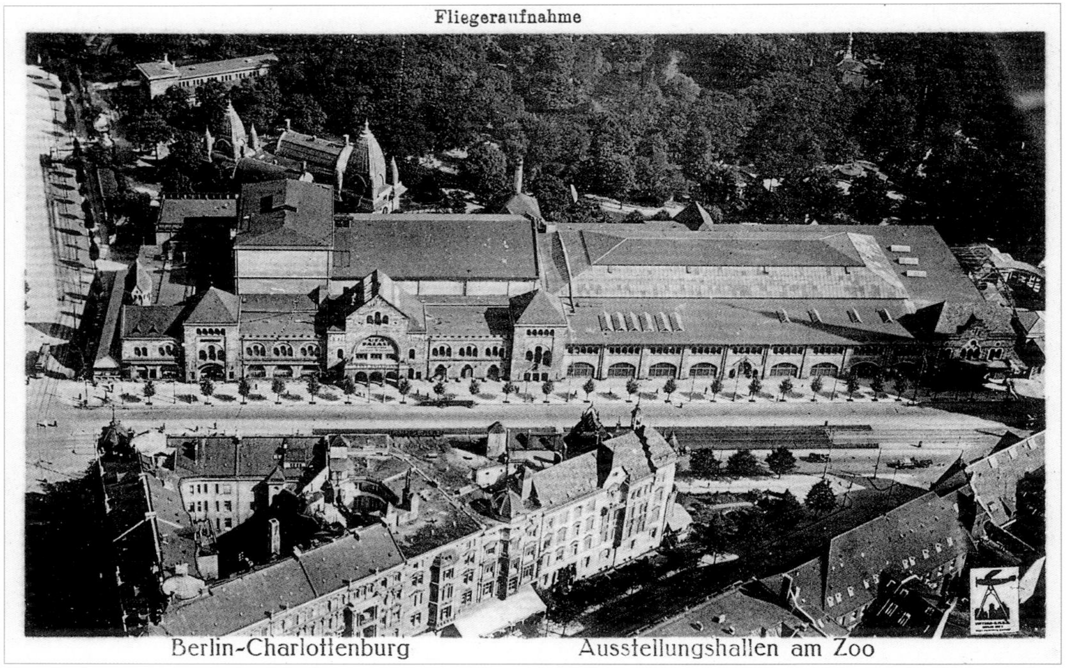

In den Jahren vor dem Ersten Weltkrieg wurden in den Kinos am Kurfürstendamm allabendlich mindestens fünf bis zwölf verschiedene ausländische Filme in Originalfassung gezeigt, die anschließend synchronisiert in vierzig bis achtzig Kopien in die Provinz gelangten.

Bereits zehn Jahre nach den ersten Filmvorführungen, die Berlin 1895 erlebt hatte, setzte Charlottenburgs Entwicklung zum Zentrum der Kinolandschaft ein. Anfangs waren es kleine Laden- und Saalkinos, die an den Hauptstraßen und Plätzen der Wohnquartiere gebaut wurden. Darunter befanden sich das 1911 eröffnete Ladenkino in der Windscheidstraße 19 (heute »Klick«) und das Kant-Kino, das 1912 in Betrieb genommen wurde. Die ersten großen Häuser entstanden ein bis zwei Jahre später am Kurfürstendamm. Die heutige »Filmbühne Wien« und das »Marmorhaus« gehören dazu, das mit dem an einen indischen Tempel erinnernden Foyer und den phantastischen Wandmalereien César Kleins besonders mondän ausgestaltet war. Bei der Eröffnung dieses Hauses hatte man zusätzlich Parfüm versprüht, um den Zuschauern die Illusion zu geben, in eine andere Welt versetzt worden zu sein. Mit rund 2000 Plätzen war der »Ufa-Palast« im Ausstellungsgelände am Zoo lange Zeit das größte deutsche Premierenkino. Für das Vorprogramm hatte man hier eigens eine Wurlitzer-Orgel eingebaut. Zum bedeutendsten Premierenkino aber avancierte in den zwanziger Jahren der »Gloria-Palast« im Romanischen Viertel, der über die modernste Tontechnik verfügte und Besuchern mit Fünf-Uhr-Tee, der in noblen Gesellschaftsräumen gereicht wurde, und Telefonen für kostenlose Stadtgespräche einen besonderen Komfort bot. Im Vergleich zu diesen Bauten hatte Hans Poelzig dem 1925 in der Budapester Straße 42–46 errichteten »Capitol« ein provozierend schlichtes Äußeres verliehen. Das Interieur allerdings war in expressionistischem Stil gehalten. Im 1943 zerstörten Kino wurde der erste deutsche Tonfilm »Die Nacht gehört uns« mit Hans Albers uraufgeführt, für viele damals noch ein »nervtötendes« Erlebnis.

13. BLN.-CHARLOTTENBURG. Capitol.

Abbildungsnachweis

Sammlung Clemens-Maria Peuser, Remshalden
S. 28 o., 48 o., 51 o.

Büro für Architektur und Stadtgeschichte
Werner Jockeit, Berlin
S. 35 o., 48 u., 49

Heimatmuseum Charlottenburg
S. 4, 6, 8, 9, 10, 11, 12, 13, 14, 15, 16, 17, 18, 19, 20, 21, 22, 23, 24, 25, 26, 27, 28 u., 29, 30, 31, 32, 33, 34, 36, 37, 38, 39 u., 40, 41, 42, 43, 44, 45, 46, 47, 50, 51 u., 52, 53, 54, 55, 56, 57, 58, 59, 60, 61, 62, 63

Centrum Judaicum
S. 35 u.

Heimatarchiv Charlottenburg
S. 39 o.

Literatur

W. Bark, Chronik von Alt-Westend mit Schloß Ruhwald, Spandauer Bock und Fürstenbrunn, Berlin 1937, Neuauflage Berlin 1986

H. Borowik, Sportstadt Charlottenburg, Berlin 1962

H. Engel, S. Jersch-Wenzel, W. Treue (Hrsg.), Charlottenburg, Teil 1 und 2, Geschichtslandschaft Berlin, Bd. 1, Berlin 1985 und 1986

W. Gundlach, Geschichte der Stadt Charlottenburg, Berlin 1905

S. Hänsel, A. Schmitt (Hrsg.), Kinoarchitektur in Berlin 1895–1995, Berlin 1995

H. G. Klös, H. Fädrich, U. Klös, Die Arche Noah an der Spree, Berlin 1994

M. Kühn, Die Bauwerke und Kunstdenkmäler von Berlin – Schloß Charlottenburg, Berlin 1970

R. Matzker (Hrsg.), Charlottenburger Welttheater. Ein Lesebuch über ein Stück Theater, Berlin 1993

K.-H. Metzger, U. Duncker, Der Kurfürstendamm, Berlin 1986

»O Charlottenburg, du frauenfreundlichste unter den Städten …?« Wege zur Frauengeschichte Charlottenburgs 1850–1930, Hrsg. vom Frauenforschungs-, -bildungs- und -Informationszentrum, Berlin 1989

P. O. Rave, I. Wirth, Die Bauwerke und Kunstdenkmäler von Berlin – Stadt und Bezirk Charlottenburg, Berlin 1961

H.-J. Reiher, Straßenverkehr in Westend, Berlin 1989

W. Ribbe (Hrsg.), Von der Residenz zur City. 275 Jahre Charlottenburg, Berlin 1980

K. E. Rimbach, 250 Jahre Charlottenburg. Hrsg. vom Bezirksamt Charlottenburg, Berlin 1955

J. Schebera, Damals im Romanischen Café, Leipzig 1988

D. Schütte, Charlottenburg. Geschichte der Berliner Verwaltungsbezirke, Bd. 1, Berlin 1988

R. Zünder, Vom Ledigenheim zum Studentenwohnheim Danckelmannstraße, Berlin 1990